Inhalt

"Watson"-Effekt - Supercomputer hat die Grenzen der Informatik verschoben

Kernthesen

Beitrag

Fallbeispiele

Weiterführende Literatur

Impressum

"Watson"-Effekt - Supercomputer hat die Grenzen der Informatik verschoben

H.Reil

Kernthesen

- Die grandiose Rechenleistung von "Watson" erweckt den Anschein künstlicher Intelligenz. Dennoch wird es aller Voraussicht nach auch in absehbarer Zeit keine Maschinen geben, die dem menschlichen Intellekt auch nur nahekämen.
- Supercomputer eignen sich dank ihrer Rechenleistung aber für die Verarbeitung riesiger unstrukturierter Datenmengen.

- Daraus ergeben sich eine ganze Reihe neuer Anwendungen: Supercomputer werden zum Beispiel Ärzten bei der Diagnostik, Juristen bei der Rechtsprechung und Technikern bei der Fehlersuche in komplexen Systemen helfen.

Beitrag

Superrechner "Watson" ließ menschlichen Champions keine Chance

Als Garri Kasparow, damals amtierender Schachweltmeister, im Jahr 1996 gegen den IBM-Computer Deep Blue ein Match verlor, verbreitete sich die Nachricht wie ein Lauffeuer um den Erdball. Eine Maschine hatte sich dem menschlichen Hirn als überlegen erwiesen - zumindest in einem so streng logischen Spiel wie Schach. 15 Jahre später präsentiert IBM einen neuen Supercomputer mit dem Namen "Watson". Das High-Tech-Wunderwerk trat vor wenigen Monaten gleich gegen zwei Champions an, und zwar in einer amerikanischen Quizshow, in der es auf Allgemeinbildung und auf die Beantwortung zum Teil obskurer Fragen ankommt. "Watson", der auch darauf "trainiert" wurde, die menschliche natürliche Sprache zu verstehen, ließ den beiden menschlichen Superhirnen keine Chance. Wieder war eine Maschine in eine Domäne menschlicher Hegemonie eingebrochen und hat, schenkt man dem medialen Echo Glauben, das Selbstbewusstsein großer Teile der Menschheit untergraben. Die Trübsal ist allerdings völlig fehl am Platz. Viele Experten halten es für in höchstem Grade unwahrscheinlich, dass Computer in absehbarer Zeit dem Wunder des menschlichen Intellekts auch nur nahekämen. Die Möglichkeiten, die "Watson" der Entwicklung von Anwendungen zum Wohle der Menschheit eröffnet, sind allerdings trotzdem revolutionär. (1), (2), (3), (8)

Wissenschaftler bereiteten "Watson" vier Jahre auf seinen großen Auftritt vor

Das Besondere an "Watson" ist, dass seine grandiose Rechenleistung den Anschein erweckt, als habe man es tatsächlich mit einem intelligenten Wesen zu tun. Die Antworten des Supercomputers in der amerikanischen Quizshow "Jeopardy" waren jedenfalls in den meisten Fällen so verblüffend akkurat, dass seine beiden Konkurrenten auf verlorenem Posten standen. Den genialen Eindruck konnte auch der eine oder andere Ausreißer nicht trüben. "Watson" gewann am Ende haushoch. Verantwortlich für die niederschmetternde Niederlage der beiden zu Statisten degradierten menschlichen Widersacher waren rund 140 IBM-Wissenschaftler und Experten von acht Universitäten, die den Superrechner vier Jahre auf seinen großen Auftritt vorbereiteten. Sie verfütterten an "Watson" vor allem eine Unmenge an Wissensbrocken - alle Texte in englischer Sprache aus dem Gutenbergprojekt, die komplette Artikelsammlung von Wikipedia, den Gesamtinhalt der "New York Times" der letzten zehn Jahre und das geballte Wissen jeder Menge Nachschlagewerke. (1)

"Watson" unterstützt Ärzte bei der Diagnostik

Ähnlich wie "Deep Blue", der nach seinem aufsehenerregenden Sieg gegen Kasparow erfolgreich auf Finanzmärkten eingesetzt wurde, wird auch "Watson" ganz sicherlich in der freien Wirtschaft Karriere machen. Schon jetzt unterstützt die Software, mit der er arbeitet, Ärzte bei der Diagnostik. Im so genannten "Open-Health-Natural-Language-Processing"-Projekt sind sämtliche medizinische Informationen über Patienten gesammelt, inklusive so unstrukturierte Daten wie mündliche Berichte. Das

Programm namens "Deep QA" wertet diese Angaben aus und macht den Ärzten einen Diagnosevorschlag. Angesichts der kommerziellen Anwendungen, die sich dank der neuen Superrechner eröffnen, hob IBM-Chef Samuel J. Palmisano im letzten Monat auf der Cebit auch ausdrücklich hervor, dass "Watson" nicht dazu gebaut wurde, um bei "Jeopardy" abzusahnen, sondern um die Grenzen der Informatik zu verschieben. (5), (11)

Trends

IBM denkt über Vermarktungsmöglichkeiten von "Watson" nach

IBM-Experten denken natürlich bereits darüber nach, wie sie "Watson" und seine Nachfolger am besten vermarkten können. Grundsätzlich gilt: Der Einsatz von Superrechnern bietet sich überall dort an, wo riesige, unstrukturierte Datenmengen verarbeitet werden müssen. Neben der medizinischen Diagnostik ist das beispielsweise bei Verkehrsleitsystemen oder Call Center der Fall. Außerdem arbeitet IBM gemeinsam mit dem Unternehmen Nuance Communications, das sich auf

Spracherkennungssysteme spezialisiert hat, an einer Lösung, die einen Arztassistenten ersetzen könnte. Erste kommerzielle Angebote werden in etwa 18 bis 24 Monaten zur Verfügung stehen. (6), (12)

Supercomputer sollen die überbordende Datenflut in den Griff bekommen

2007 wird als ein wichtiges Jahr in die Geschichte der Menschheit eingehen. Zum ersten Mal war die Datenmenge größer als der vorhandene Speicherplatz auf Computern. Experten vermuten, dass im Jahr 2011 die Datenmenge die vorhandene Speicherkapazität um das Doppelte übersteigen wird. Supercomputer sollen dabei helfen, die beunruhigende Diskrepanz zwischen dem Wissen der Welt und der Möglichkeit, es zu sichern und auszuwerten, einzudämmen. (9)

Fallbeispiele

Vorbild Startrek: User tritt mit Computer in einen Dialog

Die Fähigkeit "Watsons", die natürliche menschliche Sprache zu erkennen, wird Schule machen. Schon jetzt arbeiten Google, Microsoft, Apple und Co. intensiv daran, das Sprach-Interface ihrer Produkte zu verbessern. In Redmond, dem Forschungszentrum von Microsoft, hat die Zukunft schon begonnen. Ein Avatar hält Microsoft-Mitarbeiter über den Besucherstrom auf dem Laufenden und bestellt Shuttle-Busse. Es wird daher wahrscheinlich schon in absehbarer Zeit Rechner für das Massenpublikum geben, mit denen die User nach dem Vorbild der Startrek-Crew und ihres Bordcomputers auf der Suche nach Informationen in einen Dialog treten können. (10)

Supercomputer als Hilfe für Juristen, Techniker und Meteorologen

Auch bei der Rechtsfindung und in der Technik ist der Einsatz von Supercomputern denkbar. Die Maschinen könnten beispielsweise Gesetzestexte nach Präzedenzfällen oder Kommentaren durchforsten. Bei technischen Problemen könnten sie als Spürhunde auf die Jagd nach komplexen Systemfehlern gehen; Meteorologen würden sie helfen, Wettervorhersagen noch genauer zu berechnen als bisher und beispielsweise Hurrikane zuverlässig vorauszusagen. (4), (9)

Neurowissenschaftler will bis 2030 menschliches Gehirn im Computer simulieren

In der Schweiz arbeitet der Neurowissenschaftler Henry Markram an einem ehrgeizigen Projekt. Bis 2030 will er ein menschliches Gehirn im Computer simulieren. Bisher existiert allerdings noch kein Rechner, dessen Leistung auch nur annähernd in der Lage wäre, die komplizierten Prozesse der rund 100 Milliarden Nervenzellen unseres Denkorgans abzubilden. Der Computerpionier David Gelernter räumt zwar ein, dass die Experten, sollten sie das Projekt verwirklichen, das Verhalten des Gehirns bis zur Übertragung von Signalen wahrscheinlich sogar exakt prognostizieren könnten, menschliches Bewusstsein sei damit aber noch lange nicht entstanden. (3), (7)

Weiterführende Literatur

(1) Die Enteignung des Menschen
aus Frankfurter Allgemeine Zeitung, 18.02.2011, Nr. 41,

S. 31

(2) Maschine schlägt Mensch
aus Süddeutsche Zeitung, 18.02.2011, Ausgabe Bayern, Deutschland, S. 9

(3) "Da ist niemand zu Hause"
aus Der Spiegel, 21.02.2011, Nr. 8, Seite 132

(4) Watson versteht den Inhalt großer, unstrukturierter Datenmengen
aus VDI NR. 08 VOM 25.02.2011 SEITE 10

(5) CeBIT: Der Optimismus kehrt zurück
aus VDI NR. 09 VOM 04.03.2011 SEITE 2

(6) Hoffnungen auf "Watson"
aus Welt kompakt Nr. 38 vom 23.02.2011 Seite 26

(7) Gehirnsimulation auf dem Computer
aus Tagesanzeiger vom 04.03.2011 Seite 42

(8) Watson gegen die Menschheit
aus Der Spiegel, 14.02.2011, Nr. 7, Seite 130

(9) STANDPUNKT Nachricht des Jahres
aus Focus, 21.02.2011; Ausgabe: 8; Seite: 70

(10) Das sind fast schon intelligente Dialoge
aus Frankfurter Allgemeine Zeitung, 23.02.2011, Nr. 45, S. N3

(11) Supercomputer Watson soll im Gesundheitswesen eingesetzt werden
aus Deutsches Ärzteblatt 14/108 vom 08.04.11 Seite [3]

(12) IBM präsentiert Supercomputer Watson in Hannover
aus Computerwoche, 28.02.2011, Nr. 09

Impressum

"Watson"-Effekt - Supercomputer hat die Grenzen der Informatik verschoben

Bibliografische Information der deutschen Nationalbibliothek

Die Deutsche Nationalbibliothek verzeichnet diese Publikation in der deutschen Nationalbibliografie; detaillierte bibliografische Daten sind im Internet über http://dnb.d-nb.de abrufbar.

ISBN: 978-3-7379-0374-5

© 2015 GBI-Genios Deutsche Wirtschaftsdatenbank GmbH, Freischützstraße 96, 81927 München, www.genios.de

Alle Rechte vorbehalten. Dieses Werk ist einschließlich aller seiner Teile – z.B. Texte, Tabellen und Grafiken - urheberrechtlich geschützt. Jede Verwertung außerhalb der Grenzen des Urheberrechtsgesetzes bedarf der vorherigen Zustimmung des Verlags. Dies gilt insbesondere auch für auszugsweise Nachdrucke, fotomechanische

Vervielfältigungen (Fotokopie/Mikroskopie), Übersetzungen, Auswertungen durch Datenbanken oder ähnliche Einrichtungen und die Einspeicherung und Verarbeitung in elektronischen Systemen.